AF175907

Impressum
Verlag: BABADADA GmbH, Nedderfeld 112 , 22529 Hamburg
Geschäftsführer / Verlagsleitung: Harald Hof
Druck: Books on Demand GmbH, In de Tarpen 42, 22848 Norderstedt

Imprint
Publisher: BABADADA GmbH, Nedderfeld 112 , 22529 Hamburg, Germany
Managing Director / Publishing direction: Harald Hof
Print: Books on Demand GmbH, In de Tarpen 42, 22848 Norderstedt, Germany

ቤት-ትምህርቲ

مدرسه

ክፍሊ ክላስ
کلاس درس
መቀለ
تقسیم کردن
186/2
ሰሌዳ
تخته
መምህር
معلم
ወረቐት
کاغذ
نوشتن
መጽሓፊ
خودکار
ጣውላ ምጽሓፍ
میز تحریر
መስመር
خط کش
መጽሓፍ
کتاب
ተመሃራይ
دانش آموز

ሳንጣ ትምህርቲ

کیف مدرسه

ሰፈር ብርዒ

جامدادی

ርሳስ

مداد

መብልሒ ርሳስ

تراش

መደምሰሲ

پاک کن

ጥራዝ ስእሊ

دفتر رسم

ስእሊ
....
طراحی

ብርዒ ቀለም
....
قلم مو

ቦክስ ቀለም
....
جعبه ی آبرنگ

መቐስ
....
قیچی

መጣበቒ
....
چسب

ጥራዝ መላመዲ
....
کتاب تمرین

ዕዮ ገዛ
....
تکلیف خانه

ቁጽሪ
....
رقم

2+2

ወሰኸ
....
جمع کردن

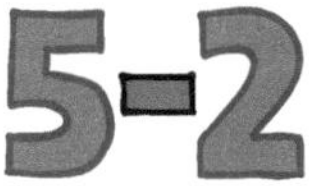

5-2

ጎደለ
....
تفریق کردن

2×2

ረብሐ
....
ضرب کردن

ደመረ
....
محاسبه کردن

A

ፊደል
....
حرف الفبا

ABCDEFG
HIJKLMN
OPQRSTU
VWXYZ

ስርዓት ፊደላት
....
الفبا

hello

ቃል
....
کلمه

ጽሑፍ

....

متن

ኣንበበ

....

خواندن

ኩርሽ

....

گچ

ሰዓት

....

درس

መዝገብ ክላስ

....

ثبت نام

መርመራ

....

امتحان

ሰርቲፊኬት

....

مدرک رسمی

ድቢዛ ቤትትምህርቲ

....

لباس مدرسه

ትምህርቲ

....

تحصیلات

ለክሲኮን

....

دانشنامه

ዩኒቨርሲቲ

....

دانشگاه

ሚክሮስኮፕ

....

میکروسکوپ

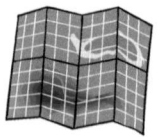

ካርታ

....

نقشه

ጎሓፍ ወረቐት

....

سبد کاغذ باطله

Grand
هتل
ሆስተል
مسافرخانه
ROOMS
EXCHANGE
ቦታ ቅያር ገንዘብ
صرافی
چمدان
መኪና
اتومبیل

ቋንቋ

زبان

እወ / ኖ

بله / خیر

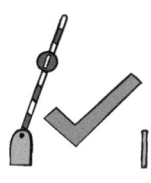

ሕራይ

اکی

ሰላም

سلام

ኣስተርጓሚ

مترجم

የቐንየለይ

ممنون

. . . ክንደይ ዋግኡ?

قیمت ... چه قدر است؟

ኣይተረድኣኹን

من متوجه نمی شوم

ሽግር

مشکل

ሰላም ምሸት!

عصر بخیر! / شب بخیر!

ከመይ ሓዲርካ

صبح بخیر!

ሰላም ለይቲ

شب بخیر!

ደሓን ኩን

خدانگهدار

ኣንፈት

جهت

ጉዓዝ

بار سفر

ሳንጣ

کیف

ሳንጣ ሕቖ

کوله پشتی

ጋሻ

مهمان

ክፍሊ

اتاق

ክሻ መደቀሲ

کیسهٔ خواب

ቴንዳ

خیمه

ሓበሬታ በጻሕቲ ሃገር

مرکز راهنمای گردشگران

ገምገም ባሕሪ

ساحل

ክረዲት ካርድ

کارت اعتباری

ቁርሲ

صبحانه

ምሳሕ

نهار

ድራር

شام

ቲከት

بلیط

ሊፍት

آسانسور

ማሕተም ደብዳበ

مهر

ዶብ

مرز

ድንና

گمرک

ኣምበሲ

سفارتخانه

ቪዛ

ویزا

ፓስፖርት

گذرنامه

መጓዓዝያ
حمل و نقل

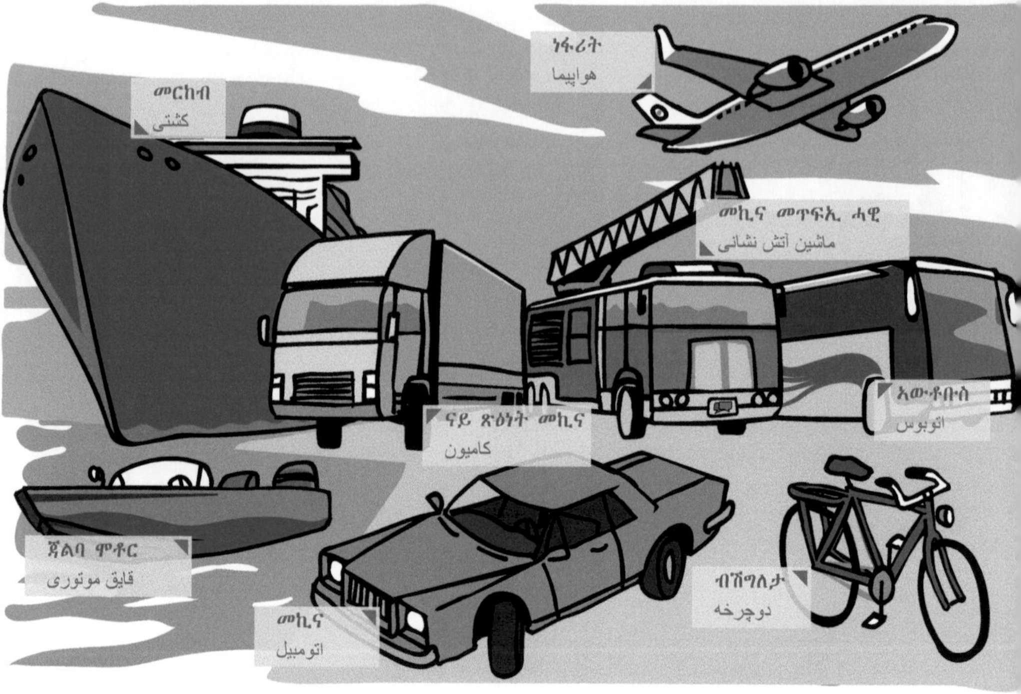

ነፋሪት
هواپیما
መርከብ
کشتی
መኪና መጥፍኢ ሓዊ
ماشین آتش نشانی
ናይ ጽዕነት መኪና
کامیون
አውቶቡስ
اتوبوس
ጀልባ ሞቶር
قایق موتوری
ብሽግለታ
دوچرخه
መኪና
اتومبیل

ፈሪ
کشتی مسافربری

ጀልባ
قایق

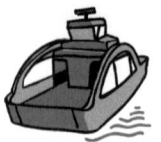

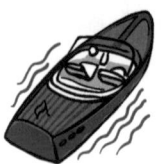

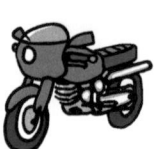

ሞቶ
موتورسیکلت

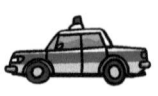

መኪና ፖሊስ
ماشین پلیس

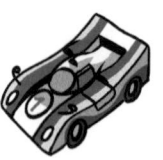

መኪና ቅድድም
ماشین مسابقه

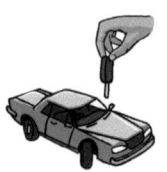

ክራይ መኪና
ماشین کرایه ای

ምውፋይ መካይን

....

به اشتراک گذاری اتوموبیل

መወሰዲ መኪና

....

جرثقیل

መኪና ጎሓፍ

....

ماشین حمل زباله

ሞቶር

....

موتور

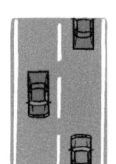

ነዳዲ

....

بنزین

እንዳ ነዳዲ

....

پمپ بنزین

ምልክት ትራፊክ

....

تابلو راهنمایی و رانندگی

ትራፊክ

....

عبور و مرور

ምጭቕጫቕ ትራፊክ

....

ترافیک

መዐሸጊ መኪና

....

پارکینگ

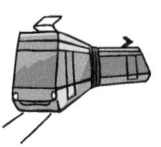

መዕረፊ ባቡር

....

ایستگاه قطار

ሓዲግ

....

ریل راه آهن

ባቡር

....

قطار

ትረም

....

قطار برقی

ባጎኒ

....

واگن

ሄሊኮፕተር

هلیکوپتر

መዓረፊ ነፈርቲ

فرودگاه

ታወር

برج

ተጐዓዚ

مسافر

ኮንተይነር

کانتینر

ሳንዱቕ ካርቶን

کارتن

ኮርሳ ጽዕነት

گاری

ዘንቢል

سبد

ተበገሰ / ዓለበ

به پرواز درآمدن / فرود آمدن

ከተማ

شهر

ቍሸት

دهکده

ማእከል ከተማ

مرکز شهر

ገዛ

خانه

ሲነማ
سینما
ረክላም
تبلیغ
CINEMA
መብራህቲ ጎደና
چراغ خیابان
ጽርግያ
خیابان
ታክሲ
تاکسی
ባንኮ
دکه
እግረኛ
عابر پیاده
پیاده رو
چهارراه
ምልክት ዘብራ
خط کشی عابر پیاده
ሰፈር ጎሓፍ
سطل آشغال بزرگ
چراغ راهنما

ኣጉዶ

کلبه

ኣፓርትመንት

آپارتمان

መዕረፊ ባቡር

ایستگاه قطار

ቤት ምምሕዳር

ساختمان شهرداری

ቤተ መዘክር

موزه

ቤት-ትምህርቲ

مدرسه

ዩኒቨርሲቲ

دانشگاه

ባንክ

بانک

ሆስፒታል

بیمارستان

መቐበሊ ኣጋይሽ

هتل

ቤት መድሃኒት

داروخانه

ቤት ጽሕፈት

اداره

ዱኳን መጽሓፍቲ

کتابفروشی

ዱኳን

مغازه

ዱኳን ዕንባባ

گل فروشی

ሱፐርማርክት

سوپرمارکت

ዕዳጋ

بازار

ሹቕ

فروشگاه بزرگ

ነጋዳይ ዓሳ

ماهی فروش

ሹቕ

مرکز خرید

መርሳ

بندر

መዘናግዒ

....

پارک

ባንኪ

....

نیمکت

ድልድል

....

پل

መደያይቦ

....

پله

ባቡር ትሕቲ ምድሪ

....

مترو

ቢንቶ

....

تونل

መዕረፊ ኣውቶቡስ

....

ایستگاه اتوبوس

ቤት መስተ

....

میخانه

ቤት-መግቢ

....

رستوران

ሰታሪት

....

صندوق پست

ታቤላ

....

تابلوی خیابان

ሰዓት ፓርኪንግ

....

دستگاه پارکومتر

መካነ እንስሳታት

....

باغ وحش

መሓምበሲ

....

استخر شنای عمومی

መስጊድ

....

مسجد

ቤት ሕርሻ
....
مزرعه

ብከላ
....
آلودگی محیط زیست

መቓብር
....
قبرستان

ቤተክርስትያን
....
کلیسا

ቦታ ምጽዋት
....
زمین بازی

ቤት መቕደስ
....
معبد

ስእሊ መሬት

چشم انداز

ኣቝጽልቲ
برگ

መሕበሪ መገዲ
تابلوی راهنمای مسیر

መገዲ
راه

ሣዕ
چمنزار

እምኒ
سنگ

ኮብላሊ
راه نورد

ኣግራብ
درخت

ፈለግ
رودخانه

ሰዓር
چمن

ዕንባባ
گل

ስንጭሮ

....

دره

ጎቦ

....

تپه

ቀላይ

....

دریاچه

ዱር

....

جنگل

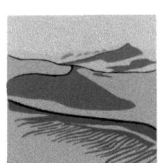

ምድረ በዳ

....

بیابان

እሳተ-ጎመራ

....

کوه آتشفشان

ግምቢ

....

قلعه

ቀስተ-ደመና

....

رنگین کمان

ቃንጥሻ

....

قارچ

ዓርኮብኮባይ

....

درخت نخل

ጣንጡ

....

پشه

ሃመማ

....

مگس

ጻጻ

....

مورچه

ንህቢ

....

زنبور

ሳሬት

....

عنکبوت

ሕንዚዝ
....
سوسک

ዕንቅርዖብ
....
قورباغه

ምጽጺላይ
....
سنجاب

ቅንፍዝ
....
جوجه تیغی

ማንቲለ
....
خرگوش صحرایی

ጉንጓ
....
جغد

ጭሩ
....
پرنده

ስዋን
....
قو

መፍለስ
....
گراز

ዓጋዘን
....
گوزن نر

ሙስ
....
گوزن شمالی

ግድብ
....
سد آب

ተርባይን ንፋስ
....
توربین بادی

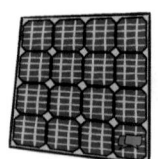

ሶላር ስርሓት
....
صفحه ی خورشیدی

ኩነታት ኣየር
....
آب و هوا

ቤት-መግቢ

رستوران

ካርታ መግብታት
منوی غذا
መንበር
صندلی
سوپ
ፒትሳ
پیتزا
መመታተሪ
سرویس کارد و قاشق و چنگال
ክዳን ጣውላ
رومیزی

ቅድመ ቀንዲ መግቢ

پیش‌غذا

ቀንዲ መኣዲ

غذای اصلی

ድሕረ መግቢ

دسر

መስተ

نوشیدنی ها

መግቢ

غذا

ጥርሙዝ

بطری

ስሉጥ መግቢ

....

فست فود

መግቢ ጽርግያ

....

اغذیه خیابانی

ብርጭቆ ሻሂ

....

قوری

ታኒካ ሽኮር

....

قندان

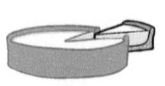

ክፋል

....

پُرس غذا

ማሺን ኤስፕረሶ

....

دستگاه اسپرسو

ነዊሕ መንበር

....

صندلی پایه بلند غذاخوری بچه

ጸብጻብ

....

صورتحساب

ታብለት

....

سینی

ካራ

....

چاقو

ፋርኪታ

....

چنگال

ማንካ

....

قاشق

ማንካ ሻሂ

....

قاشق چایخوری

ሰርቬየተ

....

دستمال سفره

ብኬሪ

....

لیوان

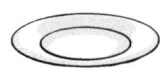

ሽሓኒ

....

بشقاب

ሽሓኒ መረቕ

....

بشقاب سوپخوری

ትሕቲ ኩባያ

....

نعلبکی

ጸብሒ

....

سس

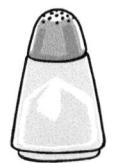

ወሃቢ ጨው

....

نمکدان

መጥሓን በርበረ

....

فلفل ساب

ኣቸቶ

....

سرکه

ዘይቲ

....

روغن خوراکی

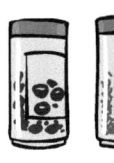

ቀመም

....

ادویه جات

ከቹፕ

....

سس کچاپ

ኣድሪ

....

سس خردل

ማዩኒዝ

....

سس مایونز

ሱፐርማርከት

سوپرمارکت

پیشنهاد ویژه
ዓሚል
مشتری
ፍርያታት ጸባ
لبنیات
میوه جات
ሰረገላ ዱኳን
چرخ دستی خرید

እንዳ ስጋ

قصابی

እንዳ ባኒ

نانوایی

ክብደት

وزن کردن

ኣሕምልቲ

سبزیجات

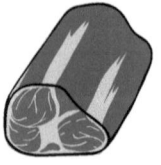

ስጋ

گوشت

መግቢ ፍሪጅ በረድ

غذای منجمد

ዝሑል ቅሩብ መግቢ

مخلوطی از انواع کالباس یا پنیر که ورقه ای بریده شده باشند

እስቃጥላ

غذای کنسروی

ኣሞ

پودر لباسشویی

ምቁር መግቢ

شیرینی جات

ዘቤታውያን ኣቑሑ

لوازم خانگی

ናውቲ መጸረዪ

ماده شوینده و پاک کننده

ሸቃጣይ

فروشنده

ካሳ

صندوق پرداخت

ተሓዝ ገንዘብ

صندوقدار

ዝርዝር ምግዛእ

لیست خرید

ክፉት ሰዓታት

ساعات کار

ማሕፉዳ

کیف پول

ክረዲት ካርድ

کارت اعتباری

ሳንጣ

کیف

ፌስታል

کیسه ی پلاستیکی

መስተ

نوشیدنی ها

ማይ

آب

ጽማቕ

آبمیوه

ጸባ

شیر

ኮላ

نوشابه کوکاکولا

ነቢት

شراب

ቢራ

آبجو

ኣልኮል

الکل

ካካው

کاکائو

ሻሂ

چای

ቡን

قهوه

ኤስፕረሶ

قهوه اسپرسو

ካፑቺኖ

کاپوچینو

ባናና

موز

ቱፋሕ

سیب

ኣራንሺ

پرتقال

ብርጭቕ

انواع هندوانه و خربزه

ለሚን

لیمو

ካሮት

هویج

ጻዕዳ ሽጉርቲ

سیر

ባምቡስ

نی بامبو

ሽጉርቲ

پیاز

ቅንጥሻ

قارچ

ፋል

آجیل

ፓስታ

ماکارونی

ስፓገቲ

....

اسپاگتی

ሩዝ

....

برنج

ሰላጣ

....

سالاد

ቅልዋ ድንሽ

....

سیب زمینی سرخ کرده

ቅሉው ድንሽ

....

سیب زمینی سرخ شده

ፒትሳ

....

پیتزا

ሃምቡርገር

....

همبرگر

ፓኒኖ

....

ساندویچ

ቢስተካ

....

شنیتسل

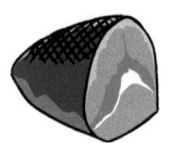

ሰለፍ ሓሰማ

....

ژامبون خوک

ሳላሚ

....

سالامی

ግዕዝም

....

سوسیس

ደርሆ

....

مرغ

ቀለወ

....

نوعی گوشت سرخ شده

ዓሳ

....

ماهی

ገዓት

جوی پرک شده

ሙስሊ

نوعی صبحانه مخلوطی از برگه ذرت و میوه های خشک شده و خشکبار که معمولا با شیر خورده می شود

ኮርንፍለይክስ

کورن‌فلکس

ሓርጭ

آرد

ክሮሶን

کرواسان

ባኒ

نان بروتشن

ባኒ

نان

ቶስት

نان تست

ብሽኮቲ

بیسکویت

ጠስሚ

کره

ርግኦ

کشک

ፓስተ

کیک

እንቋቑሖ

تخم مرغ

ቅሉው እንቋቑሖ

تخم مرغ نیمرو

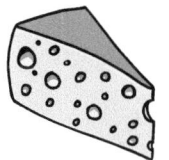

ፋርማጆ

پنیر

አይስ ክሪም

بستنی

ሽኮር

شکر

መዓር

عسل

ጀም

مربا

ኑጋት-ክረም

کرم شکلاتی بادامی

ኩሪ

ادویه کاری

ቤት ሕርሻ

مزرعه

خانه ی مزرعه داران
መኽዘን
انبار غله
ሓሰር ቦንዳ
خرمن کاه
ግራት
مزرعه
ፈረስ
اسب
ተስሓቢ
ماشین یدک کش
کره اسب
ትራክተር
تراکتور
خر
በጊዕ
گوسفند
ዕየት
بره

ጤል

بز

ብዕራይ

گاو ماده

ምራኽ

گوساله

ሓሰማ

خوک

ውላድ ሓሰማ

بچه خوک

ኣርሓ

گاو نر

ዓዓ

غاز

ማይ ደርሆ

اردک

ጫቑት

جوجه

ደርሆ

مرغ

ኣርሓ ደርሆ

خروس

ኣንጨዋ ዓባይ

موش صحرایی

ድሙ

گربه

ኣንጭዋ

موش

ብዕራይ

گاو نر اخته

ከልቢ

سگ

ኣጉዶ ከልቢ

لانه ی سگ

ቱባ ጀርዲን

شلنگ باغبانی

መዝፈፊ ማይ

آبپاش

ዓቢ ማዕጺድ

داس دسته بلند

ማሕረሻ

گاوآهن

ማዕጺድ

....

داس

ጭኽሮ

....

کج بیل

መስአ

....

چنگک باغبانی

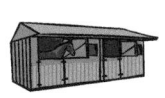

ፋስ

....

تبر

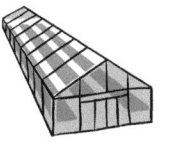

ዓረብያ ኢድ

....

فرقون

ጋብላ

....

آبشخور

ብርጭቆ ጸባ

....

بطری نگهداری شیر

ክሻ

....

کیسه

ሓጹር

....

حصار

መንሰስ

....

اصطبل

ቐጠልያ ገዛ

....

گلخانه

ባይታ

....

خاک

ዘርኢ

....

بذر

ድኹዒ

....

کود

ዘጣምር ቀውዓይ

....

ماشین کمباین

ቀውዐ

....

برداشت کردن محصول

ጻማ

....

محصول

ድንሽ ያም

....

تمیس

ስርናይ

....

گندم

ሶያ

....

سویا

ድንሽ

....

سیب زمینی

ዕፉን

....

ذرت

ራፕስ

....

کلزا

ገረብ ፍረታት

....

درخت میوه

ማኒኦክ

....

گیاه مانیوک

ኣእኽል

....

غلات

ገዛ
خانه

دودکش
ናሕሲ
پشت بام
መውሓዝ ዝናብ
ناودان
መስኮት
پنجره
ጋራጅ
گاراژ
زنگ در
ማዕጾ
در
ጎሓፍ መገለል
سطل آشغال
ቦክስ ደብዳበ
صندوق مراسلات
ጀርዲን
باغ

ክፍሊ ምቕማጥ
....
اتاق نشیمن

ክፍሊ ባንዮ
....
حمام

ክሽነ
....
آشپزخانه

ክፍሊ መደቀሲ
....
اتاق خواب

ክፍሊ ቆልዑ
....
اتاق بچه

መመገቢ ክፍሊ
....
ناهارخوری

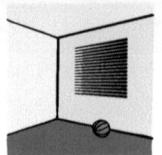

ባይታ

....

کف زمین

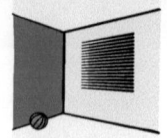

መንደቕ

....

دیوار

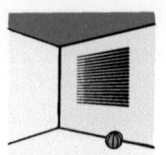

ከቦርታ

....

سقف

ካንቲና

....

زیرزمین

ሳውና

....

سونا

ባልኮን

....

بالکن

ዛላ

....

تراس

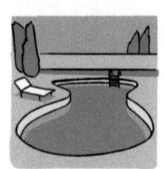

መሕምበሲ

....

استخر

መቑረጺ ሳዕሪ

....

ماشین چمن‌زنی

ኣንሶላ ዓራት

....

ملافه

ከቦርታ ዓራት

....

روتختی

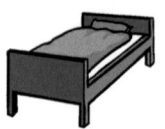

ዓራት

....

تخت خواب

መኽስተር

....

جارو

መገለል

....

سطل

መወልዒት

....

سویچ یا کلید

ክፍሊ ምቕማጥ

اتاق نشیمن

ወረቐት መንደቕ
کاغذ دیواری
ስእሊ
عکس
لامپ
ከብሒ
قفسه
ከብሒ
کابینت
ተለቪዥን
تلویزیون
መውጽኢ ትኪ ኣብ ገዛ
شومینه
ዕንባባ
گل
መተርኣስ
کوسن
کاناپه
گلدان
ሪሞት
کنترل تلویزیون و ویدئو و غیره

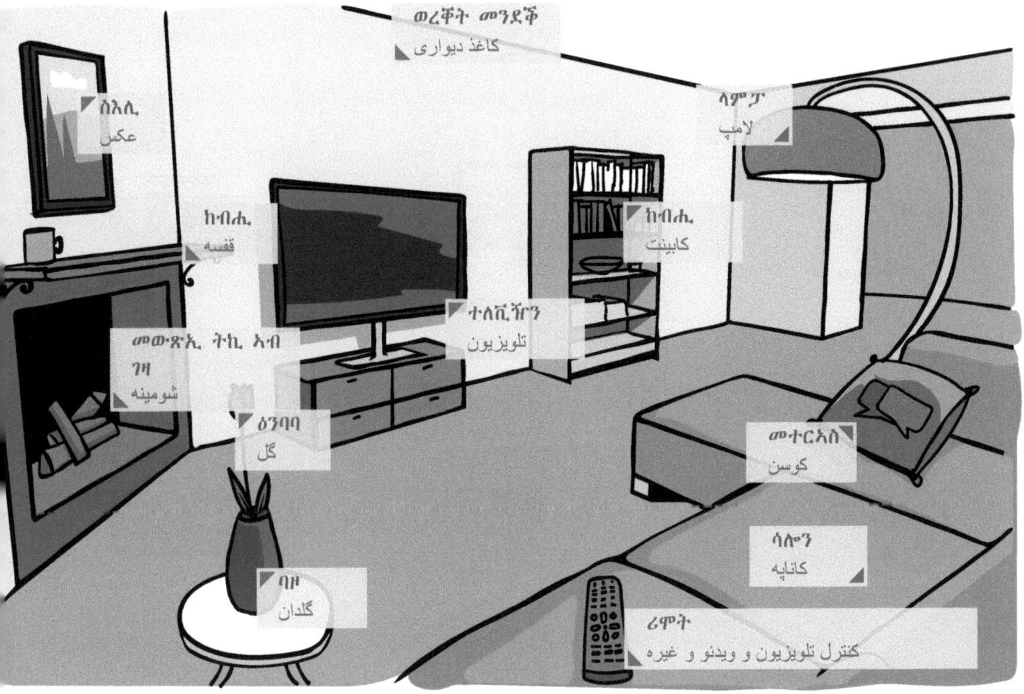

መንጸፍ
....
فرش

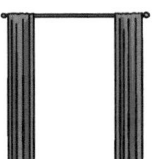

መጋረጃ
....
پرده

ጣውላ
....
میز

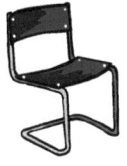

መንበር
....
صندلی

ሰለል ዝብል መንበር
....
صندلی گهواره ایی

መንበር ምቹእ
....
صندلی راحتی

መጽሓፍ

....

کتاب

ክቦርታ

....

لحاف

ስልማት

....

دکوراسیون

እንጨይቲ ሓዊ

....

هیزم

ፊልም

....

فیلم

ስተረዮ

....

دستگاه ضبط صوت

መፍትሕ

....

کلید

ጋዜጣ

....

روزنامه

ቕብኣ

....

تابلو نقاشی

ፖስተር

....

پوستر

ረድዮ

....

رادیو

ጥራዝ

....

دفترچه یادداشت

መልገሲ ደሮና

....

جاروبرقی

በለስ

....

کاکتوس

ሽምዓ

....

شمع

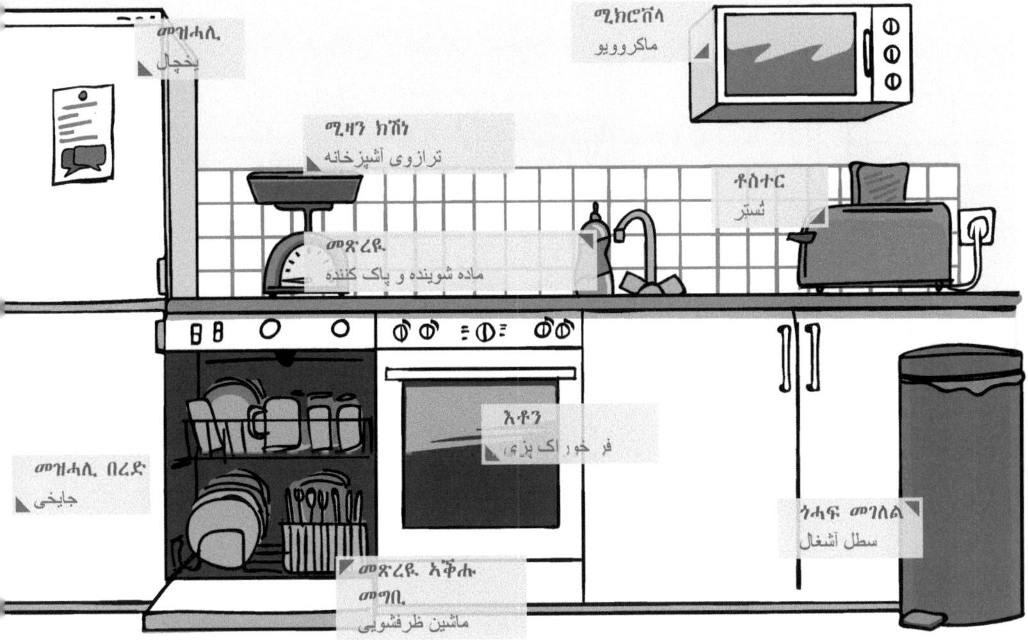

آشپزخانه

መዝሓሊ
یخچال
ماکروویو
ሚዛን ክሽነ
ترازوی آشپزخانه
ቶስተር
تُستر
መጽረዪ
ماده شوینده و پاک کننده
እቶን
فر خوراک پزی
መዝሓሊ በረድ
جایخی
ጎሓፍ መገለል
سطل آشغال
መጽረዪ ኣቕሑ መግቢ
ماشین ظرفشویی

መኽሸኒ
....
اجاق گاز

ድስቲ
....
قابلمه

ድስቲ ሓጺን
....
قابلمه چدنی

ቮክ/ካዳይ
....
ماهی تابه گود

ባደላ
....
ماهی تابه

መውዓዪ ማይ
....
کتری

ክሽነ - آشپزخانه 35

መፍልሒ

بخارپز

ጓንቴራ ምስንካት

سینی فر

ኣቕሑ መግቢ

ظرف چینی آشپزخانه

ብርጭቆ

لیوان

ጭሓሎ

کاسه

ማንካቺና

چاپستیک

ማንካ መረቕ

ملاقه

መገልበጢ ባደላ

کفگیر

መኹስተር ውርጪ

همزن

መንፊት መግቢ

آبکش

መንፊት

آبکش

መፋሕፍሒ

رنده

ሞርታር

هاون

ባርቢክዩ

باربیکیو

ስፍራ ሓዊ

محل مخصوص افروختن آتش

እንጨይቲ ምምታር

....

تخته گوشت و سبزی

እንጨይቲ ኰረር

....

وردنه

መኽፈት ቡሽ

....

در بطری بازکن

ታኒካ

....

قوطی

መኽፈቲ ታኒካ

....

در قوطی بازکن

ጨርቂ ድስቲ

....

دستگیره پارچه ای

ቡምባ

....

سینک ظرفشویی

ኣስባስላ

....

برس گردگیری

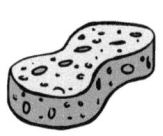

ሰፍነግ

....

اسفنج

ሓዋሲ ኣደባላቒ

....

مخلوط کن

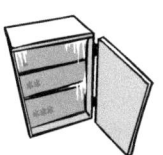

መዝሓሊ በረድ

....

فریزر

ጥርሙዝ ማማይ

....

شیشه شیر بچه

ቡምባ ማይ

....

شیر آب

ክፍሊ ባንዮ

حمام

መውዓዪ
بخاری
መሕጸቢ ሻወር
دوش
حوله
ሻወር መጋረጃ
پرده ی حمام
መሕጸቢ ዓፍራ
حمام کف
ባንዮ መሕጸቢ
وان حمام
ብኬሪ
لیوان
ሓጻቢት
ماشین لباسشویی
ቡምባ ማይ
شیر آب
کاشی
ድስቲ
لگن دستشویی کودکان
ቡምባ
سینک ظرفشویی

ሽቓቕ

توالت

ሽቓቕ ኮፍ

توالت ایرانی

በዱ

کاسه توالت

ሽቃቕ ተባዕታይ

توالت مخصوص آقایان

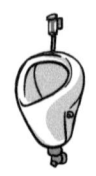

ወረቐት ሽቓቕ

دستمال توالت

ኣስባስላ ሽቓቕ

فرچه توالت

ኣስባስላ ስኒ

مسواک

ክረማ ስኒ

خمیردندان

ሃሪ ስኒ

نخ دندان

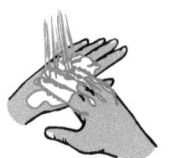

ሓጸበ

شستن

ዱሽ ኢድ

دوش آب تلفنی

ዱሽ

شلنگ توالت

ብርጭቆ ምሕጻብ

لگن روشویی

ኣስባስላ ሕቖ

برس شست و شوی پشت

ሳምና

صابون

ሻወር ጀል

شامپو بدن

ሻምፑ

شامپو

ጨርቂ መሕጸቢ

لیف حمام

መውሓዚ

راه آب

ክረማ

کرم

ደዮ ጨና

اسپری دئودورانت

መስትያት

....

آیینه

ናይ ኢድ መስትያት

....

آیینه ی کوچک دستی

መላጸ

....

تیغ ریش تراشی

ዓፍራ ምልጻይ

....

کف ریش‌تراشی

ጨና ድሕሪ ምልጻይ

....

افترشیو

መመሸጥ

....

شانه ی سر

ኣስባስላ

....

برس

መንቐጺ ጸግሪ

....

سشوار

ስፕረይ ጸግሪ

....

اسپری مو

መመላኽዒ

....

آرایش

ብርዒ ቀለም ከንፈር

....

رژلب

ኣዝማልቶ

....

لاک ناخن

ጸምሪ ጡጥ

....

پنبه

መስደዲ ጽፍሪ

....

قیچی ناخن

ጨና

....

عطر

ሳንጣ መሕጸቢ

کیف لوازم آرایشی و بهداشتی

ድኳ

چهارپایه

ሚዛን

ترازو

ክዳን መሕጸቢ

حوله ی پالتویی

ጓንቲ መጸረዪ

دستکش ظرفشویی

ታምፖን

تامپون

ጨርቂ ሰበይቲ

نوار بهداشتی

ሽቓቕ ከሚስትሪ

توالت سیار

ክፍሊ ቆልዑ

اتاق بچه

ኣላርም መተስኢ
ساعت زنگدار
መጻወቲ እንስሳ
نوعی عروسک نرم به شکل حیوانات
መጻወቲ መኪና
ماشین اسباب بازی
جغجغه
ቤት ባምቡላ
خانه ی عروسکی
ህያብ
کادو

ባላንችና
....
بادکنک

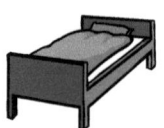

ዓራት
....
تخت خواب

ሰረገላ ህጻን
....
کالسکه بچه

ጸወታ ካርታ
....
بازی ورق

ሕንቅሊተይ
....
پازل

ኮሜዲ
....
داستان مصور

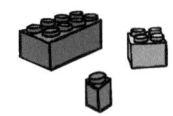

እምንታት መጻወቲ ለጎ

اسباب بازی لگو

መጻወቲ እምንታት

خانه سازی

በዓል አክቾን

عروسک شخصیت های فیلم و کارتون

ክዳን ማማይ

لباس نوزاد

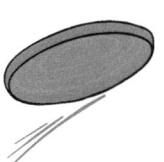

ፍሪስቢ

فریزبی

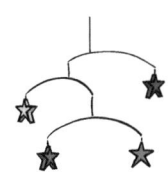

ሞባይል ማማይ

نوعی اسباب بازی که روی تخت نوزاد
یا کودک نصب می شود

ጸወታ ሰሌዳ

بازی روی صفحه

ኩቦ

تاس

ሞደል ባቡር ምድሪ

قطار اسباب بازی

ዓባስ

پستانک

ፓርቲ

مهمانی

መጽሓፍ ስእሊ

کتاب مصور

ኩዕሶ

توپ

ባምቡላ

عروسک

ተጻወተ

بازی کردن

መጻወቲ ሑጻ

جعبه شنی مخصوص بازی کودکان

ሰላል

تاب

መጻወቲታት

اسباب بازی

ኮንሶል ቪድዮ

کنسول بازی های کامپیوتری

መጻወቲ ሰለስተ መንኮርኮር

سه چرخه

ተዲ

خرس عروسکی

ከብሒ ክዳን

کمد لباس

ክዳን

لباس

ካልስታት

جوراب

ነዊሕ ካልስታት

جوراب زنانه ساق بلند

ስረ ካልሲ

جوراب شلواری

ሻርባ
شال
ቁልፊ
کمربند
چتر
تی شرت
ስኒከርስ
کفش ورزشی کتانی
پوتین
دمپایی

ሸበጥ
صندل

ጫማ
کفش

ረፋዕ ጎማ
چکمه پلاستیکی

ሙታንታ
شرت

ክዳን ጡብ
سوتین

ትሕተ ካሚቻ
جلیقه

ቦዲ

....

بادی

ስረ

....

شلوار

ጂንስ

....

جین

ቀምሽ

....

دامن

ካምቻ

....

بلوز

ካሚቻ

....

پیراهن

ጉልፎ

....

پولیور

ጎልፎ

....

سویی شرت

ጃኬት

....

نوعی کت

ጃከት

....

ژاکت

ጁባ

....

کت بلند

ክዳን ዝናብ

....

بارانی

ኮስቱም

....

لباس نمایش

ቀምሽ

....

لباس

ቀምሽ መርዓ

....

لباس عروس

ልብሲ

....

کت و شلوار

ካሚቻ ለይቲ

....

لباس خواب زنانه

ክዳን ለይቲ

....

پیژامه

ሳሪ

....

ساری

መሃረብ ርእሲ

....

روسری

ቱርባን

....

عمامه

ቡርካ

....

برقع

ካፍታን

....

قبا

ኣባያ

....

عبا

ክዳን መሕምበሲ

....

لباس شنا

ስረ መሕምበሲ

....

شرت شنا

ሓጺር ስረ

....

شلوارک

ክዳን ታዕሊም

....

لباس ورزشی

በጃ ክዳን

....

پیشبند

ጓንቲ

....

دستکش

መልጎም

دکمه

መነጽር

عینک

በንናጅር

دستبند

ማዕተብ

گردنبند

ቀለበት

انگشتر

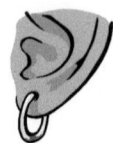

ኩትሻ

گوشواره

ቆብዕ

کلاه لبه دار

መንበሪ ጁባ

چوب لباسی

ባርኔጣ

کلاه

ካርራቫት

کراوات

ሻርነጣ

زیپ

ሀልመት

کلاه ایمنی

መድልደል ስረ

بند شلوار

ድቢዛ ቤትትምህርቲ

لباس مدرسه

ድቢዛ

لباس فرم

ሰደርያ ቆልዓ

پیش بند بچه

ዓባስ

پستانک

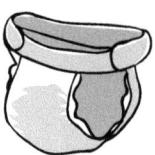

ጨርቂ ማማይ

پوشک بچه

ቤት ጽሕፈት

اداره

ሰርቨር
سرور
ክብሒ ሰነድ
کمد نگهداری پرونده
ወረቐት
کاغذ
ፕሪንተር
چاپگر
مانیتور
ጣውላ ምጽሓፍ
میز تحریر
ماوس
زونکن
ኪቦርድ
صفحه کلید
ጉሓፍ ወረቐት
سبد کاغذ باطله
ኮምፒተር
کامپیوتر
መንበር
صندلی

ብርጭቆ ቡን

لیوان قهوه

ካልኩሌተር

ماشین حساب

ኢንተርነት

اینترنت

ለፕቶፕ

....

لپ تاپ

ደብዳበ

....

نامه

መልእኽቲ

....

پیغام

ሞባይል

....

تلفن همراه

ነትወርክ/መርበብ

....

شبکه ی ارتباطی

መቅድሒ ፎቶኮፒ

....

دستگاه فتوکپی

ሶፍትዌር

....

نرم افزار

ተለፎን

....

تلفن

ሶከት ኳረንቲ

....

پریز

ፋክስ

....

دستگاه فاکس

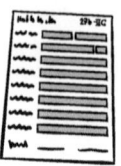

ፎርም

....

فرم

ሰነድ

....

مدرک

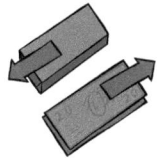

ገዝአ

....

خریدن

ከፈለ

....

پرداخت کردن

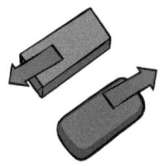

ንግዲ

....

تجارت کردن

ገንዘብ

....

پول

ዶላር

....

دلار

ኦይሮ

....

یورو

የን

....

ین

ሩብል

....

روبل

ስዊዝ ፍራንከን

....

فرانک سوئیس

ረንሚንቢ ዩዋን

....

یوان رنمینبی

ሩፒየ

....

روپیه

መውጽኢ ማሺን ገንዘብ

....

دستگاه خودپرداز

ቦታ ቕያር ገንዘብ

صرافی

ወርቂ

طلا

ብሩር

نقره

ዘይቲ

نفت

ሓይሊ

انرژی

ዋጋ

قیمت

ውዕል

قرارداد

ቀረጽ

مالیات

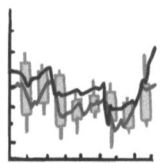

እኩብ ጥረ-ነገራት

سهام سرمایه

ሰርሐ

کار کردن

ሰራሕተኛ

کارمند

ኣስራሒ

کارفرما

ትካል

کارخانه

ዱኳን

مغازه

በዓል ፖሊስ
مامور پلیس
መጠፈኢ ሓዊ
آتش نشان
ከሻኒ
آشپز
ሓኪም
دکتر
መራሒ ነፋሪት
خلبان

ሰራሕተኛ ጀርዲን

باغبان

ጸራቢ ዕንጸይቲ

نجار

ሰፋይት

خیاط زنانه

ፈራዳይ

قاضی

ቀማሚ

شیمیدان

ተዋሳኢ

بازیگر

መራሒ ኣውቶቡስ

....

راننده اتوبوس

ኣውቲስታ ታክሲ

....

راننده تاکسی

ገፋፊ ዓሳ

....

ماهیگیر

ጸራጊት

....

نظافتچی زن

ሃናጺ ናሕሲ

....

سقف ساز

ኣሰላፊ

....

پیشخدمت رستوران

ሃዳናይ

....

شکارچی

ሰኣላይ

....

نقاش

እንዳ ሕብስቲ

....

نانوا

ኤለትሪክኛ

....

برقکار

ሃናጺ ኣባይቲ

....

کارگر ساختمانی

ሃንዳሲ

....

مهندس

ሰራሕተኛ እንዳ ስጋ

....

قصاب

ድራብሊኮ

....

لوله کش

ኣማላላሲ ፖስጣ

....

پستچی

ወተሃደር

....

سرباز

መሃንድስ

....

معمار

ተሓዝ ገንዘብ

....

صندوقدار

ሰራሕተኛ ዕምባባ

....

گل فروش

ቀምቃማይ

....

آرایشگر

ፈተሪኖ

....

مامور کنترل بلیط در قطار

መካኒክ

....

مکانیک

መራሒ መርከብ

....

ناخدا

ሓኪም ስኒ

....

دندانپزشک

ተመራማሪ

....

دانشمند

ራቢ

....

عالم یهودی

ኢማም

....

امام

ፈላሲ

....

راهب

ቀሺ

....

کشیش

ናውቲ

ابزارآلات

ሞደሻ
چکش
انبردست
ዘዋር መስኚ
پیچ گوشتی
آچار
ላምፓዲና
چراغ قوه

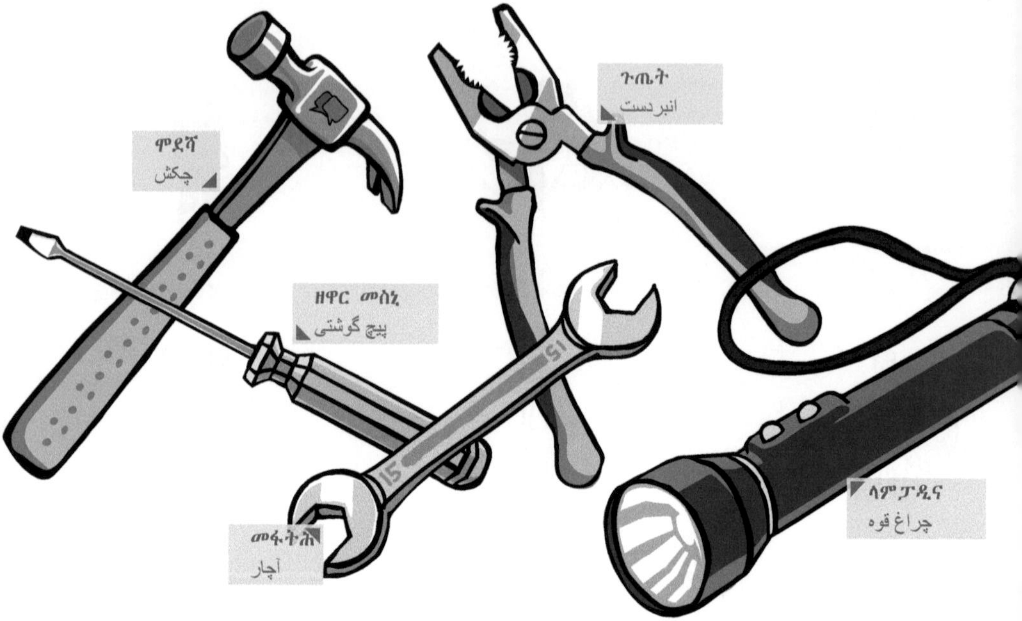

ፈሓሪ

بیل مکانیکی

ናውቲ ቦክስ

جعبه ابزار

መደያይቦ

نردبان

መጋዝ

ارّه

መስማር

میخ

ኩዓቲ

مته

ምዕራይ

تعمیر کردن

ባደላ

بیل

ኣይ!

لعنتی!

መትሓዚ ዶሮና

خاک انداز

ድስቲ ቀለም

سطل رنگرزی

ካቻቢቲ

پیچ

መሳርሒ ሙዚቃ

آلات موسیقی

እስፒከር
بلندگو
درامز
ጊታር
گیتار
ረጕድ ዓባይ ጊታር
کنترباس
ትሮምፐት
ترومپت

ፒያኖ

پیانو

ቪዮሊን

ویولن

ባስ ጊታር

گیتار بیس

ቲምንኢ

تیمپانی

ከቦሮ

طبل

ኦርጋን

کیبورد الکتریک

ሳክሶፎን

ساکسیفون

ሻምብቆ

فلوت

ሚክሮፎን

میکروفون

መካነ እንስሳታት

باغ وحش

እንስሳታት

حیوانات

ሓርማዝ

فیل

ካንጋሩ

کانگورو

ሓሪሽ

کرگدن

ጉሪላ

گوریل

ድቢ

خرس

ገመል

شتر

ሰገን

شترمرغ

ኣንበሳ

شیر

ህበይ

میمون

ፍላሚንጎ

فلامینگو

ሕንጻይ

طوطی

ድቢ በረድ

خرس قطبی

ፒንጒን

پنگوئن

ከልቢ ዓሳ

کوسه

ጣውስ

طاووس

ተመን

مار

ሓርገጽ

تمساح

ሓላዊ ቤት ገርድሽ

نگهبان باغ وحش

ዓሳ ዚምገብ እንስሳ ባሕሪ

خوک آبی

ጃጓር

پلنگ امریکایی

ሓጺር ፈረስ

....

اسب کوچک

ነብሪ

....

پلنگ

ጉማረ

....

اسب آبی

ጂራፍ

....

زرافه

ሊሳ

....

عقاب

መፍለስ

....

گراز

ዓሳ

....

ماهی

ጎብየ

....

لاک پشت

ዋልሩስ

....

شیرماهی

ወኻርያ

....

روباه

ሰስሓ

....

غزال

ናይ አሜሪካ ኩዕሶ እግሪ
فوتبال آمریکایی

ምዝዋር ብሽግለታ
دوچرخه سواری

ተኒስ
تنیس

ባስኬትቦል
بسکتبال

ምሕምባስ
شنا

ቦክሲንግ
بوکس

ሆኪ በረድ
هاکی روی یخ

ኩዕሶ እግሪ
فوتبال

ባድሚንተን
بدمینتون

እስፖርታዊ ንጥፈታት
دوومیدانی

ኩዕሶ ኢድ
هندبال

ስኪ
اسکی

ፖሎ
پولو

ሰሓቐ
خندیدن

ነጠረ
پریدن

ሐቐፈ
بغل کردن

ከደ
راه رفتن

ደረፈ
آواز خواندن

ጸለየ
دعا کردن

ሰዓመ
بوسیدن

ሐለመ
رؤیا دیدن

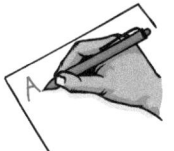

ጸሓፈ

نوشتن

ሰአለ

رسم کردن

አርአየ

نشان دادن

ደፍአ

هل دادن

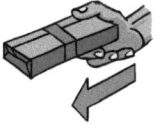

ሃበ

دادن

ወሰደ

برداشتن

አለወ

....

داشتن

ገበረ

....

انجام دادن

ኮነ

....

بودن

ጠጠው በለ

....

ایستادن

ጐየየ

....

دویدن

ሰሓበ

....

کشیدن

ሰንደወ

....

پرتاب کردن

ወደቐ

....

افتادن

ሓሰወ

....

دراز کشیدن

ተጸበየ

....

منتظر بودن

ሰከም

....

حمل کردن

ኮፍ በለ

....

نشستن

ተኸድነ

....

لباس پوشیدن

ደቀሰ

....

خوابیدن

ተስአ

....

بیدار شدن

ረአየ
....
تماشا کردن

በኸየ
....
گریه کردن

ብኣጻብዑ ደረዘ
....
نوازش کردن

መሸጠ
....
شانه کردن

ተዛረበ
....
حرف زدن

ተረድአ
....
فهمیدن

ሓተተ
....
پرسیدن

ሰምዐ
....
شنیدن

ሰተየ
....
آشامیدن

በልዐ
....
خوردن

ኣቐመጠ
....
مرتب کردن

ኣፍቀረ
....
عاشق بودن

ከሸነ
....
پختن

ዘወረ
....
رانندگی کردن

ነፈረ
....
پرواز کردن

ብመርከብ ገየሸ

....

قایقرانی کردن

ደመረ

....

محاسبه کردن

ኣንበበ

....

خواندن

ተመሃረ

....

یاد گرفتن

ሰርሐ

....

کار کردن

መርዓወ

....

ازدواج کردن

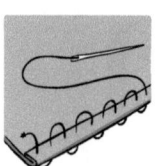

ሰፈየ

....

دوختن

ጽሬት ኣስናን

....

مسواک زدن

ቀተለ

....

کشتن

ሽጋራ ተከኸ

....

سیگار کشیدن

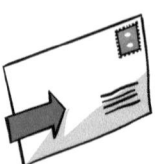

ሰደደ

....

فرستادن

ዓባይ / مادربزرگ

ኣቦሓጎ / پدربزرگ

ኣቦ / پدر

ኣደ / مادر

ጓሎይ / کودک

ጓል / فرزند دختر

ወዲ / فرزند پسر

ጋሻ
....
مهمان

ሓትኖ
....
خاله، عمه

ኣኮ
....
دایی، عمو

ሓው
....
برادر

ሓፍቲ
....
خواهر

ኣካላት

بدن

ግንባር
پیشانی
ዓይኒ
چشم
መንኩብ
شانه
انگشت دست
ገጽ
صورت
መንከስ
چانه
ኢድ
دست
ሸፋን እግሪ
ساق پا
سینه
ምናት
بازو

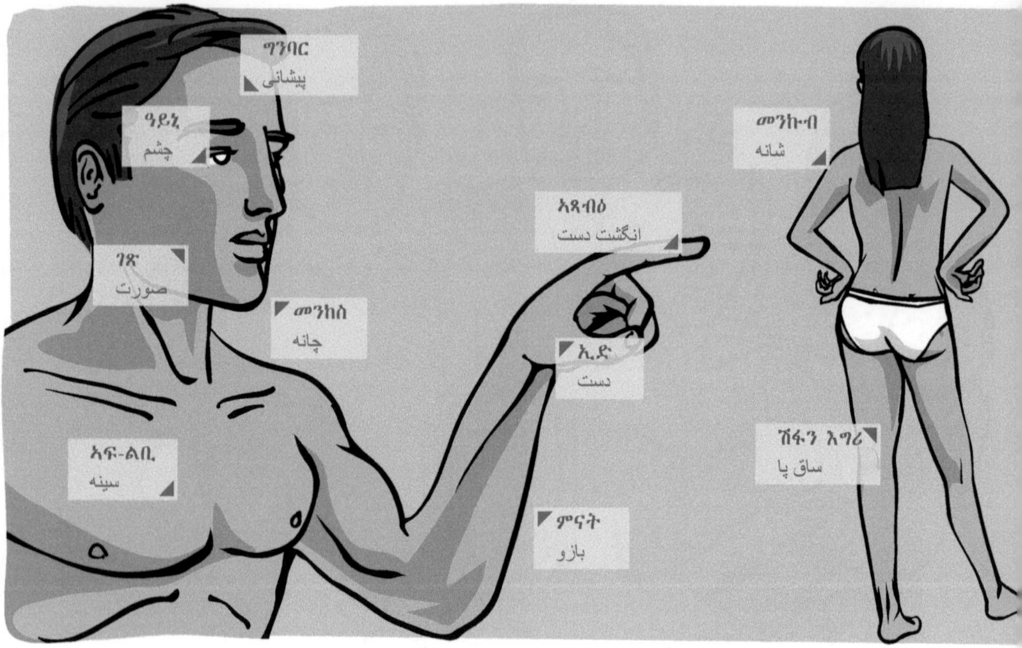

ማማይ

کودک

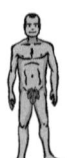

ሰብኣይ

مرد

ሰበይቲ

زن

ጓል

دختربچه

ወዲ

پسربچه

ርእሲ

کله

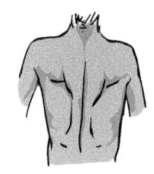

ሕቖ

کمر

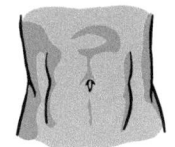

ከስዐ

شکم

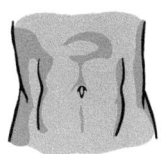

ሕምብርቲ

ناف

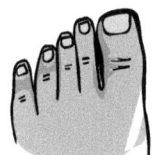

ኣጻብዕ እግሪ

انگشت پا

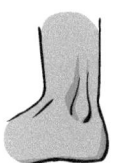

ኩርኾረ

پاشنه

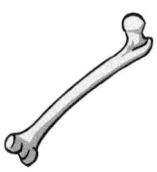

ዓጽሚ

استخوان

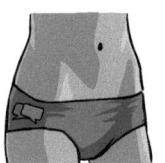

ምሕኳልቲ

لگن

ብርኪ

زانو

ፎግፎ

آرنج

ኣፍንጫ

بینی

መዓኮር

نشیمنگاه

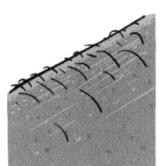

ቆርበት

پوست

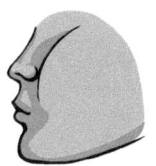

ምዕጉርቲ

گونه

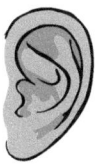

እዝኒ

گوش

ከንፈር

لب

ኣፍ

دهان

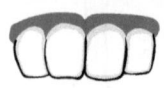

ስኒ

دندان

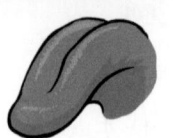

መልሓስ

زبان

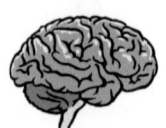

ሓንጎል

مغز

ልቢ

قلب

ጭዋዳ

عضله

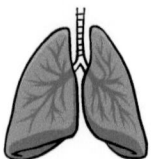

ሳንቡእ

ریه

ጸላም ከብዲ

کبد

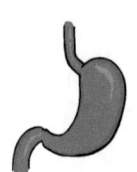

ከብዲ

معده

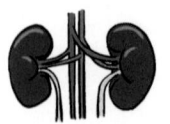

ኵሊት

کلیه

ግብረ ስጋ

آمیزش جنسی

ኮንዶም

کاندوم

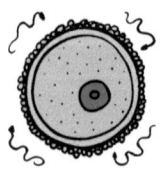

እንቋቑሖ

تخمک

ዘርኢ ተባዕታይ

اسپرم

ጥንሲ

حاملگی

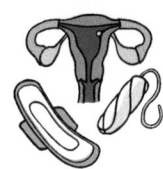

ጽግያት
....
پریود

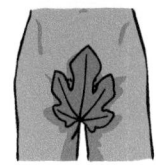

ርሕሚ
....
واژن

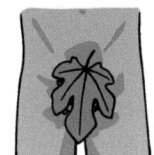

መትሎ
....
آلت تناسلی مرد

ሽፋሽፍቲ
....
ابرو

ጸጉሪ
....
مو

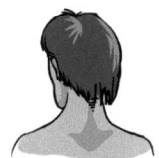

ክሳድ
....
گردن

ሆስፒታል
بیمارستان

መኪና ኣምቡላንስ
آمبولانس
መንበር ዓረብያ
صندلی چرخ دار
ስባር
شکستگی

ሓኪም

دکتر

ክፍሊ ህጹጽ ረድኤት

بخش اورژانس

ኣላይት

پرستار

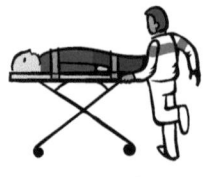

ህጹጽ ኩነት

موقعیت اضطراری

ውነኡ ዘጥፍአ

بی هوش

ቃንዛ

درد

ጉድኣት
....
مصدومیت

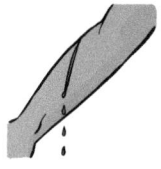

ደም
....
خونریزی

ማህረምቲ
....
سکته قلبی

ማህረምቲ
....
سکته مغزی

ኣለርጂ
....
آلرژی

ሰዓል
....
سرفه

ረስኒ
....
تب

ኡንፍልወንዛ
....
آنفولانزا

ውጽኣት
....
اسهال

ቃንዛ ርእሲ
....
سردرد

መንሽሮ
....
سرطان

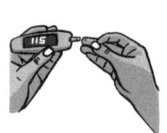

ሹኮርያ
....
دیابت

ሓኪም መጥባሕቲ
....
جراح

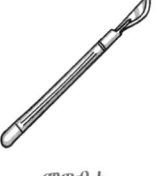

መጥብሒ
....
چاقوی جراحی

መጥባሕቲ
....
عمل جراحی

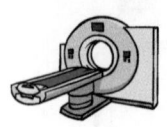

CT

سی تی اسکن

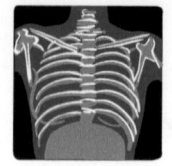

ራጂ

پرتونگاری

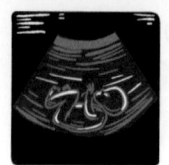

ልዕለ ድምጻዊ

سونوگرافی

መሸፈኒ ገጽ

ماسک صورت

ሕማም

بیماری

ክፍሊ ምጽባይ

اتاق انتظار

ምርኩስ

چوب زیر بغل

መጀነኒ ቑስሊ

چسب زخم

መጀነኒ

پانسمان

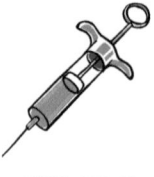

መርፍዕ ምውጋእ

تزریق

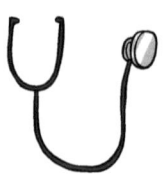

ስተቶስኮፕ

گوشی طبی

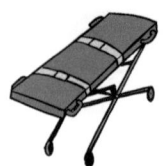

መሰከሚ ሕማም

برانکار

ቴርሞመተር

دماسنج

ትውልዲ

زایش

ልዕለ-ሚዛን

اضافه وزن

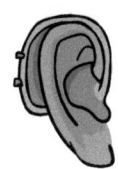

ሓገዝ ምስማዕ
....
سمعک

ኣንጻሂ
....
ماده ضد غفونی کننده

ልበዳ
....
عفونت

ቫይረስ
....
ویروس

ኤድስ
....
اچ آی وی / ایدز

ሕክምና
....
دارو

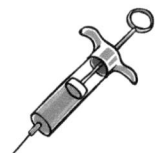

ክታበ
....
واکسیناسیون

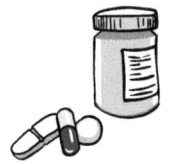

ከኒና
....
قرص

ከኒና
....
قرص ضد حاملگی

ህጹጽ ምድዋል
....
تماس اظطراری

መዕቀኒ ጸቕጢ ደም
....
دستگاه اندازه گیری فشارخون

ሕሙም / ጥዑይ
....
مریض / سالم

ህጹጽ ኩነት

موقعیت اضطراری

ሓገዝ

....

کمک!

ኣላርም

....

آژیر خطر

ምህጃም

....

حمله

መጥቃዕቲ

....

حمله ی فیزیکی

ድንገት

....

خطر

ህጹጽ መውጽኢ

....

خروج اظطراری

ሓዊ!

....

آتش

መጥፍኢ ሓዊ

....

کپسول آتش‌نشانی

ሓደጋ

....

تصادف

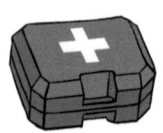

ሳንጣ ቀዳማይ ረድኤት

....

جعبه کمک های اولیه

SOS

....

درخواست کمک

ፖሊስ

....

پلیس

ኤውሮጳ

اروپا

ሰሜን ኣመሪካ

آمریکای شمالی

ደቡብ ኣመሪካ

آمریکای جنوبی

ኣፍሪቃ

افریقا

ኤስያ

اسیا

ኣውስትራልያ

استرالیا

ኣትላንቲክ

اقیا نوس اطلس

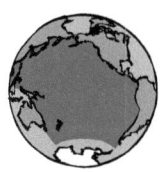

ፓሲፊክ

اقیانوس آرام

ህንዳዊ ውቕያኖስ

اقیانوس هند

ኣንታርቲካዊ ውቕያኖስ

اقیا نوس اطلس جنوبی

ኣርክቲካዊ ውቕያኖስ

اقیانوس منجمد شمالی

ሰሜናዊ ዋልታ

قطب شمال

ደቡባዊ ዋልታ

قطب جنوب

ኣንታርቲካ

قاره قطب جنوب

ምድሪ

کره زمین

መሬት

سرزمین

ባሕሪ

دریا

ደሴት

جزیره

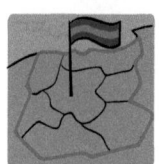

ሃገር

ملت

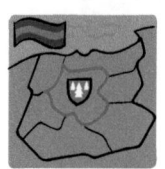

ዓዲ

کشور

ሰዓት

ساعت

ገጽ ሰዓት

....

صفحه ی ساعت

ኣመልካቲ ሰዓታት

....

ساعت شمار

ኣመልካቲ ደቓይቕ

....

دقیقه شمار

ኣመልካቲ ካልኢት

....

ثانیه شمار

ሰዓት ክንደይ ኣሎ?

....

ساعت چند است؟

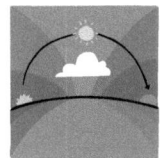

መዓልቲ

....

روز

ግዜ

....

زمان

ሕጂ

....

اکنون

ዲጂታል ሰዓት

....

ساعت دیجیتال

ደቒቕ

....

دقیقه

ሰዓት

....

ساعت

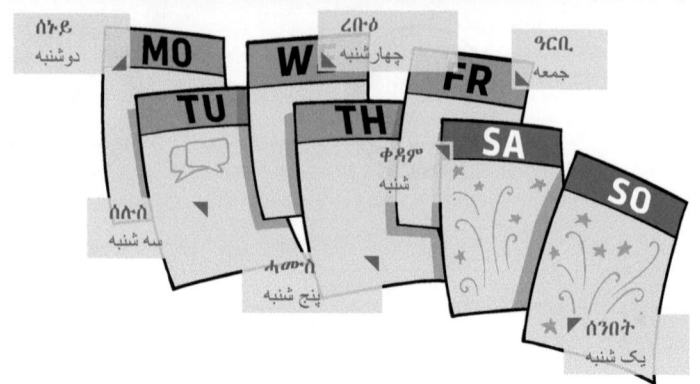

ሰኑይ / دوشنبه
MO

ረቡዕ / چهارشنبه
W

ዓርቢ / جمعه

TU

ሰሉስ / سه شنبه

TH

ቀዳም / شنبه
SA

ሓሙስ / پنج شنبه

SO

ሰንበት / یک شنبه

ትማሊ
....
ديروز

ሎሚ
....
امروز

ጽባሕ
....
فردا

ንጉሆ
....
صبح

ቀትሪ
....
ظهر

ምሸት
....
غروب

MO	TU	WE	TH	FR	SA	SU
1	2	3	4	5	6	7
8	9	10	11	12	13	14
15	16	17	18	19	20	21
22	23	24	25	26	27	28
29	30	31	1	2	3	4

መዓልታት ስራሕ
....
روزهای کاری

MO	TU	WE	TH	FR	SA	SU
1	2	3	4	5	6	7
8	9	10	11	12	13	14
15	16	17	18	19	20	21
22	23	24	25	26	27	28
29	30	31	1	2	3	4

መወዳእታ ሰሙን
....
آخر هفته

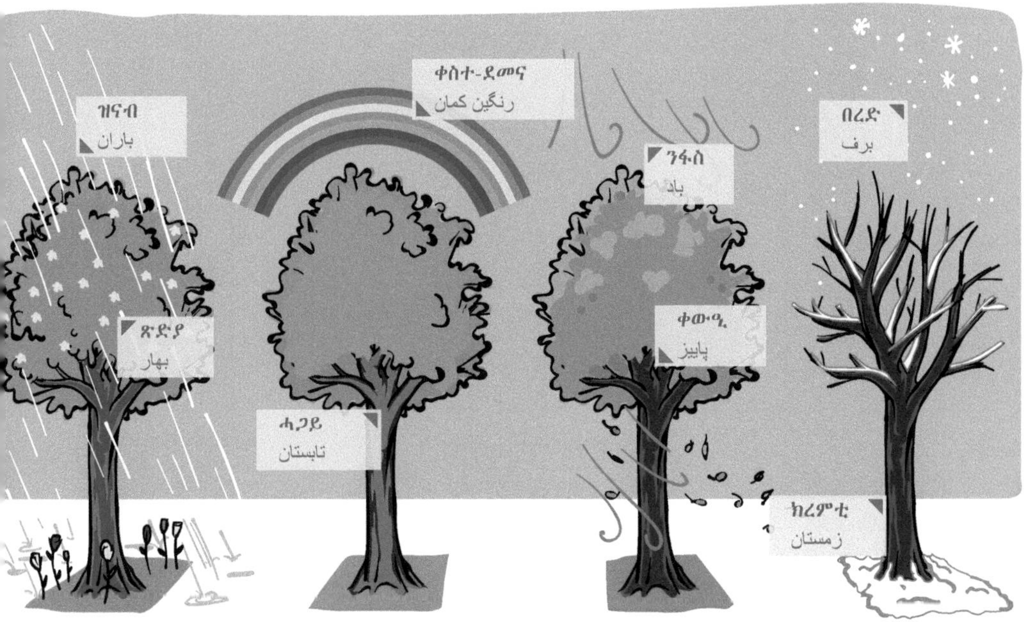

ዝናብ
باران
ቀስተ-ደመና
رنگین کمان
ንፋስ
باد
በረድ
برف
ጽድያ
بهار
ሓጋይ
تابستان
ቀውዒ
پاییز
ክረምቲ
زمستان

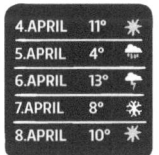

4.APRIL 11°
5.APRIL 4°
6.APRIL 13°
7.APRIL 8°
8.APRIL 10°

ትንቢት ኩነታት ኣየር

پیش‌بینی اوضاع جوی

F C
120 40
90 30
60 20
30 10
0 0
-30 -10
-20

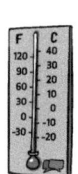

ቴርሞመተር

دماسنج

ብርሃን ጸሓይ

تابش آفتاب

ደበና

ابر

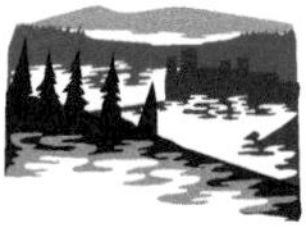

ግመ

مِه

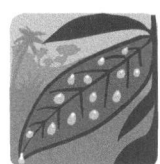

ጠሊ

رطوبت هوا

ብርቂ

صاعقه

ነጐዳ

آسمان غره

ህቦብላ

طوفان

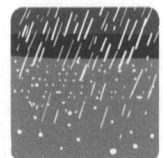

በረድ

تگرگ

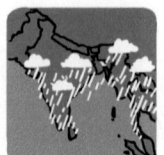

ብርቱዕ ህቦብላ

باد موسمی

ውሕጅ

سیل

በረድ

یخ

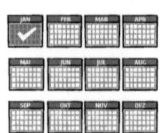

ጥሪ

ژانویه

ለካቲት

فوریه

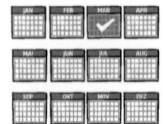

መጋቢት

مارس

ሚያዝያ

آوریل

ግንቦት

مه

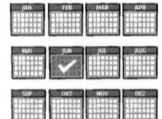

ሰነ

ژوئن

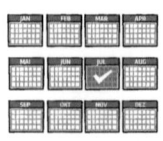

ሓምለ

ژوئیه

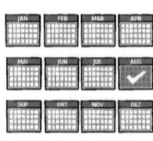

ነሓሰ

آگوست

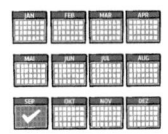

መስከረም

سپتامبر

ጥቅምቲ

أكتبر

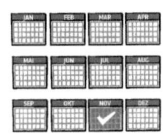

ሕዳር

نوامبر

ታሕሳስ

دسامبر

ቅርጽታት

اشکال

ዙርያ

دایره

ትርብዒት

مربع

ቅኑዕ ርቡዕ ኩርናዕ

مستطیل

ስሉስ ኩርናዕ

سه گوش

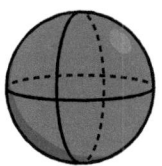

ክቢ

گره

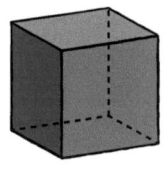

ኩቦ

مکعب مربع

ሕብርታት

رنگ ها

ጻዕዳ

سفید

ብጫ

زرد

ኣራንሺ

نارنجی

ፒንክ

صورتی

ቀይሕ

قرمز

ጁኽ

بنفش

ሰማያዊ

آبی

ቀጠልያ

سبز

ቡናዊ

قهوه ای

ሓሙኽሽታይ

خاکستری

ጸሊም

سیاه

ብዙሕ / ውሑድ

خیلی / کم

ሕሩቕ / ሰላማዊ

خشمگین/ آرام

ጽቡቕ / ክፉእ

زیبا / زشت

መጀመርያ / መወዳእታ

شروع / پایان

ዓቢ / ንእሽቶ

بزرگ / کوچک

ብሩህ / ጸልማት

روشن / تیره

ሓው / ሓፍቲ

برادر / خواهر

ጽሩይ / ርሳሕ

تمیز / آلوده

ምሉእ / ዘይምሉእ

کامل / ناقص

መዓልቲ / ለይቲ

روز / شب

ሙዉት / ህልው

مرده / زنده

ሰፊሕ / ጸቢብ

پهن / باریک

ደስ ዘበል / ደስ ዘይብል

قابل خوردن / غیر قابل خوردن

እኩይ / ህያዋይ

غضبناک / مهربان

ርቡጽ / ስልኩይ

هیجان زده / بی حوصله

ረጊድ / ቀጢን

چاق / لاغر

ቀዳማይ / ናይ መወዳእታ

اولین / آخرین

ዓርኪ / ጸላኢ

دوست / دشمن

ምሉእ / ባዶ

پر / خالی

ተሪር / ልስሉስ

سفت / نرم

ከቢድ / ፈኩስ

سنگین / سبک

ጥምየት / ጽምየት

گرسنگی / تشنگی

ሕሙም / ጥዑይ

مریض / سالم

ዘይሕጋዊ / ሕጋዊ

غیرقانونی / قانونی

መስተውዓሊ / ስዲ

باهوش / خنگ

ጸጋም / የማን

چپ / راست

ቐረባ / ርሑቕ

نزدیک / دور

ሓዲሽ / ብሉይ

نو / استفاده شده

ዋላ ሓደ / ገለ

هیچ چیز / چیزی

ዓቢ/ኣረጊት / መንእሰይ

پیر / جوان

ወልዕ / ኣጥፍእ

روشن / خاموش

ክፉት / ዕጹው

باز / بسته

ህዱእ / ዓው

آهسته / بلند

ሃብታም / ድኻ

ثروتمند / فقیر

ቅኑዕ / ግጉይ

درست / غلط

ሓርፋፍ / ልሙጽ

زبر / صاف

ጉሁይ / ሕጉስ

غمگین / خوشحال

ሓጺር / ነዊሕ

کوتاه / بلند

ቀስ / ቅልጡፍ

کند / تند

ጥሉል / ንቑጽ

تر / خشک

ምዉቕ / ዝሑል

گرم / خنک

ውግእ / ሰላም

جنگ / صلح

ቁጽርታት

اعداد

0	1	2
ዜሮ	ሓደ	ክልተ
صفر	یک	دو
3	4	5
ሰለስተ	ኣርባዕተ	ሓሙሽተ
سه	چهار	پنج
6	7	8
ሽዱሽተ	ሸውዓተ	ሸሞንተ
شش	هفت	هشت
9	10	11
ትሽዓተ	ዓሰርተ	ዓሰርተ ሓደ
نه	دَه	یازده

12

ዓሰርተ ክልተ

دوازده

13

ዓሰርተ ሰለስተ

سیزده

14

ዓሰርተ ኣርባዕተ

چهارده

15

ዓሰርተ ሓሙሽተ

پانزده

16

ዓሰርተ ሽዱሽተ

شانزده

17

ዓሰርተ ሸውዓተ

هفده

18

ዓሰርተ ሸሞንተ

هجده

19

ዓሰርተ ትሽዓተ

نوزده

20

ዕስራ

بیست

100

ሚእቲ

صد

1.000

ሽሕ

هزار

1.000.000

ሚልዮን

میلیون

ቋንቋታት
زبان ها

እንግሊዝኛ

انگلیسی

አመሪካዊ እንግሊዛዊ

انگلیسی آمریکایی

ቻይናዊ ማንዳሪን

چینی ماندارین

ሂንዳዊ

هندی

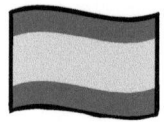

እስጳኛዊ

اسپانیایی

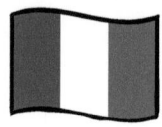

ፈረንሳዊ

فرانسوی

ዓረባዊ

عربی

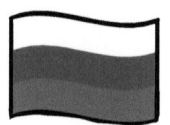

ሩሲያዊ

روسی

ፖርቱጋላዊ

پرتغالی

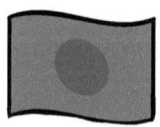

በንጋሊ

بنگالی

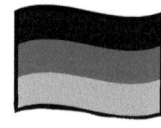

ጀርመናዊ

آلمانی

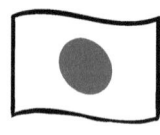

ጃፓናዊ

ژاپنی

መን / እንታይ / ከመይ

چه کسی / چه چیزی / چگونه

አነ
....
من

ንስኻ/ኺ
....
تو

ንሱ / ንሳ / ንሱ
....
او

ንሕና
....
ما

ንስኻ
....
شما

ንሳቶም
....
آنها

መን?
....
چه کسی؟ کی؟

እንታይ?
....
چی؟

ከመይ?
....
چگونه؟

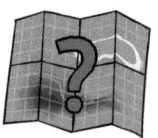

ኣበይ?
....
کجا؟

መዓስ?
....
کی؟

ሽም
....
نام

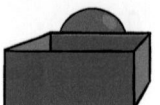

ኣበይ

کجا

ድሕሪ

....

پشت

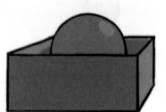

ኣብ

....

توی

ኣብ ቅድሚ

....

جلو

ኣብ ላዕሊ

....

بالای

ኣብ ልዕሊ

....

روی

ትሕቲ ምድሪ

....

زیر

ኣብ ጥቓ

....

مجاور

ኣብ መንጎ

....

بین

ቦታ

....

مکان